Flora & LEO

Bildnachweis
Shutterstock: S. 7 AtlasStudio; S. 8 o., 8 M. l. Hong Vo; S. 8 u. AtlasStudio; S. 10 M. Stas Malyarevsky; S. 10 u. l. hebeko; S. 10 u. r. Swetlana Wall; S. 11 o. Scisetti Alfio; S. 10 u. CWIS; S. 17 u. Nadezhda Kulikova; S. 19 u. Flower Studio; S. 20 u. l. phichak; S. 20 u. r. unpict; S. 24 o. Photopictures; S. 24 u. l. irin-k; S. 24 u. r. Robert Biedermann; S. 26 o. arxichtu4ki; S. 26 u. Polvo2020; S. 28 o. Cat_arch_angel; S. 30 u. Peter Hermes Furian; S. 32 o. Maria Goltsova; S. 32 u. l. richpav; S. 34 o. zhuk _ ladybug; S. 34 u. dabjola; S. 36 o. Erenai; S. 36 u. zcw; S. 38 mescal; S. 40 o. Le Panda; S. 40 u. Tone Trebar; S. 42 o. ArtMari; S. 42 M. Olga_Shestakova; S. 44 LIUBOV VARFOLOMEEVA; S. 46 o. Anastasiia_Shliago; S. 46 u. l. Rottlaender; S. 48 Musa Studio; S. 52 o. Kasefoto; S. 52 M. Leigh Prather; S. 54 o, mychicport; S. 55 o. Vilor; S. 56 o. alias612; S. 57 o. jedsadabodin; S. 58 o. COLOA Studio; S. 58 M. l., M. r. Irina Rogova; S. 59 Eric Isselee; S. 60-61 v. l. n. r. Thorsten Schier, Flower_Garden, mady70, rustamank, Jason J. Hong, aga7ta, Rusteze, Iva Vagnerova, Sunbunny Studio, winyuu, Barbara_Krupa, Orest lyzhechka, Victoria Tucholka, Robert Mertl, Montypeter; S. 62-63 v. l. n. r. Ihor Hvozdetskyi, Ryzhkov Oleksandr, Blue Swan Photography, Oleg Elkov, Niliane Fatima Pierok, Nitr, Andrew Fletcher, krigofineart, Bearok, Cristina Ionescu; S. 65 Sergiy Bykhunenko; S. 78 v. l. n. r. Anastasiia Skorobogatova, Scisetti Alfio, Scisetti Alfio, Mira Drozdowski, SeDmi, neroli, nadezhda F, Tamara Kulikova, Aniko Gerendi Enderle, Dobryanska Olga, shansh23, emberiza, Scisetti Alfio, spline_x, Zadiraka Evgenii; S. 79 Veronika Telyatnikova;

Wikipedia: S. 61 u. r. Hajotthu CC BY-SA 3.0; S. 62 M. M. Rosa-Maria Rinkl CC BY-SA 4.0.

Konzept und Text: Christine Schreier, Lindau
Illustrationen: Alberto Stefani, Carrè
Layout-Konzeption: Raffaele Anello, Berlin
Druck und Bindung: NEOGRAFIA, a.s., Martin-Priekopa

MIX
Papier aus verantwortungsvollen Quellen
FSC® C020353

ISBN: 978-3-96808-009-3

Nachdruck	Druckjahr
5 4 3 2 1	2024 2023 2022 2021

Mein erstes HERBARIUM

Text von Christine Schreier
Illustrationen von Alberto Stefani

SOPHIE Verlag

INHALT

Flora & Leo

Flora und Leo sind Geschwister mit recht unterschiedlichen Temperamenten; Flora sprüht vor Energie und Lust auf wagemutige Abenteuer, ihr Bruder Leo dagegen ist eher der introvertierte, verträumte Typ. Gemeinsam ist beiden aber ihre riesengroße Neugier. Sie müssen unbedingt wissen, was hinter allem und jedem steckt, und besuchen alle möglichen und unmöglichen Plätze, von den Wäldern und Seen in ihrer Umgebung über wirklich sehr ferne Orte wie Sterne und Planeten.

FLORA

Alter: 9 Jahre

Größe: 135 cm

Gewicht: 29 kg

Hobby: sich Probleme aufhalsen und sie lösen

Sie mag: die Farbe Rot, Pizza, zeichnen, barfuß über den Rasen laufen, im Baumhaus sitzen und Vögel beobachten

Sie mag nicht: Gemüsesuppe, schicke Klamotten, wenn Leute zu viel reden, Sommer in der Stadt, Mücken

LEO

Alter: 7 Jahre

Größe: 120 cm

Gewicht: 23 kg

Hobby: spazieren gehen an der frischen Luft

Er mag: seine Brille, Fotos machen, Regenbogen, Obstsalat, Eis, Abenteuerromane lesen

Er mag nicht: Gemüsesuppe, schicke Klamotten, früh aufstehen, Menschenmengen, Mücken

In der Gärtnerei

Mama, Papa, Flora und Leo sind gemeinsam in die Gärtnerei gefahren. Mama möchte gern Blumen für Omas Garten kaufen. Flora stürmt durch die Reihen der Blumentöpfe und freut sich: „Sind die aber alle schön. Und die Blüten haben ganz viele verschiedene Rottöne." Rot ist ja schließlich ihre Lieblingsfarbe. Leo fragt: „Es sind sooooo viele und alle anders, wie kann man die überhaupt auseinander halten?" Der Gärtner lacht und meint: „Das ist gar nicht so schwer – man muss eigentlich wie ein Detektiv vorgehen und nur genau hinschauen. Dann kann man verschiedene Pflanzenteile unterscheiden und bestimmen."

Blumen bestehen aus Blüten, Stängeln und Blättern

Blumen bestimmen

Blütenfarbe

„Womit fangen wir an?“ fragt Leo. „Am besten fängt man bei der Bestimmung mit der Blütenfarbe an, die sieht jeder sofort. Wild wachsende Pflanzen kommen immer nur in einer Farbe vor, also Löwenzahn ist immer gelb, Veilchen gibt es nur in blau. Die verschieden farbigen Blüten bei den Stiefmütterchen sind von Menschen gezüchtet“, erklärt der Gärtner.

Anzahl der Blütenblätter

„Ein weiteres Merkmal ist die Anzahl der Blütenblätter. Das sind die bunten Blätter der Blüte. Es gibt Blumen, bei denen besteht die Blüte nur aus einem einzigen Blatt. Andere Blüten haben ein paar mehr. Beim Stiefmütterchen sind es fünf.“ Dabei zeigt der Gärtner die Blüte ganz nah und bewegt jedes einzelne der gelben Blätter, sodass die Kinder mitzählen können.

Die grünen Blätter an der Unterseite der Blüte heißen Kelchblätter. Sie schützen die Knospen bevor sie aufblühen.

Blütenstand (Fruchtstand)

„Spannender ist dann schon der Blütenstand. Das Stiefmütterchen hier ist ein Beispiel für eine **Einzelblüte**. Bei den Sonnenblumen stehen ganz viele einzelne Blüten nebeneinander. Große Blätter bilden einen Kranz um sie herum, sodass sie zusammen wie eine einzige große Blüte aussehen. Das nennt man **Körbchen**. Bei den **Köpfchen** der Erdbeeren ist es ähnlich.“

EINZELBLÜTE, KÖRBCHEN UND KÖPFCHEN

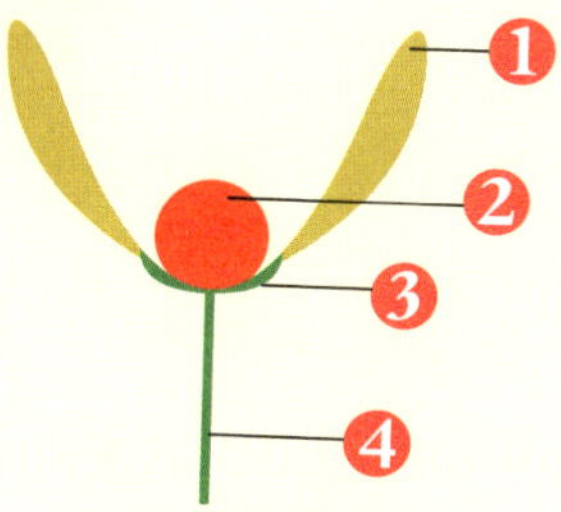

Einzelblüte

Sitzt nur eine einzelne Fruchtanlage auf dem Stängel, nennt man das Einzelblüte.

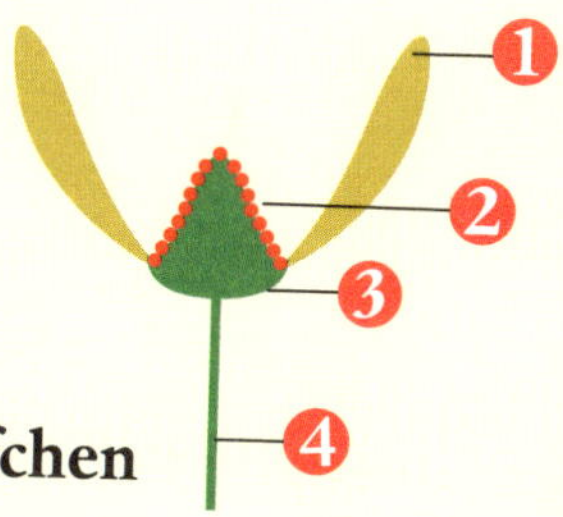

Köpfchen

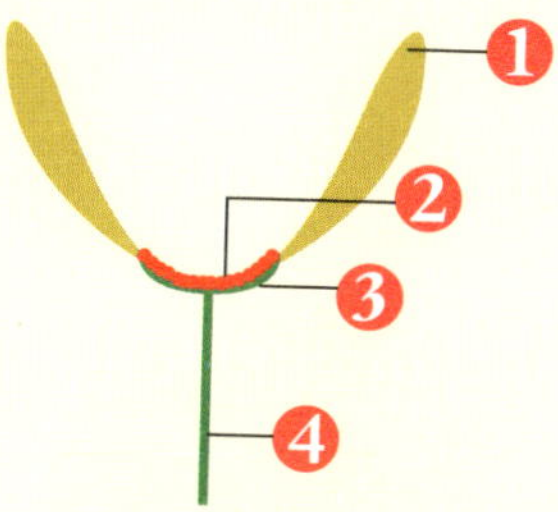

Körbchen

Liegen viele Blüten mit ihren Fruchtanlagen nebeneinander, spricht man von Köpfchen oder Körbchen, je nachdem wie sie angeordnet sind.

1. Blütenblatt; **2.** Fruchstand; **3.** Kelch und Kelchblatt; **4.** Stängel

„Manchmal findet man aber auch mehrere einzelne Blüten mit ihren Fruchtständen an einem Stängel, das nennt man dann **Traube**, **Rispe**, **Dolde** oder **Ähre**, je nachdem wie die einzelnen Blüten am Stängel angebracht sind“, fährt der Gärtner fort. „Ihr kennt sicher Johannisbeeren, die wachsen in Form einer Traube. Weinreben bilden dagegen Rispen, obwohl ihre Früchte Weintrauben heißen.“

TRAUBE

Bei einer Traube gehen nur Einzelblüten vom Stängel ab.

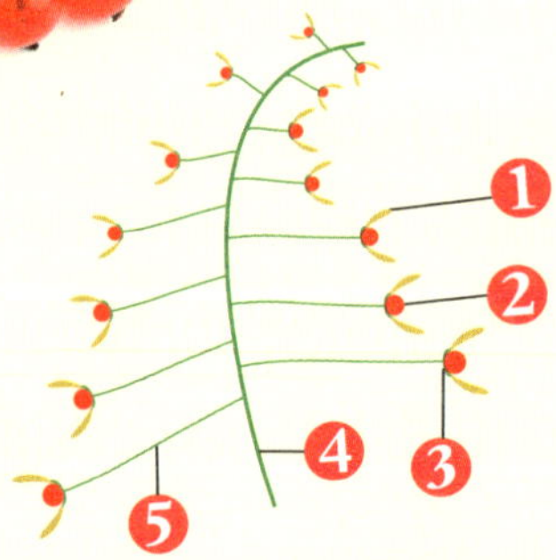

RISPE

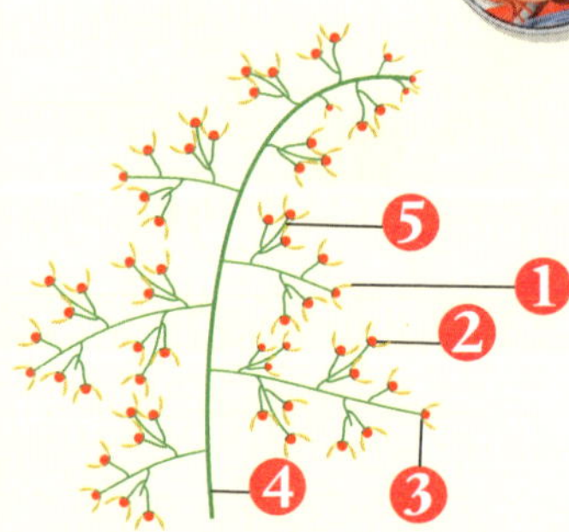

Bei einer Rispe sitzen mehrere Blüten am gleichen Stiel.

„Ganz schön verwirrend diese ganzen Begriffe“, meint Leo. Er schaut Mama an. „Wenn unser Schnittlauch blüht, sieht der aus wie eine Dolde, oder?“ Mama nickt.

DOLDE

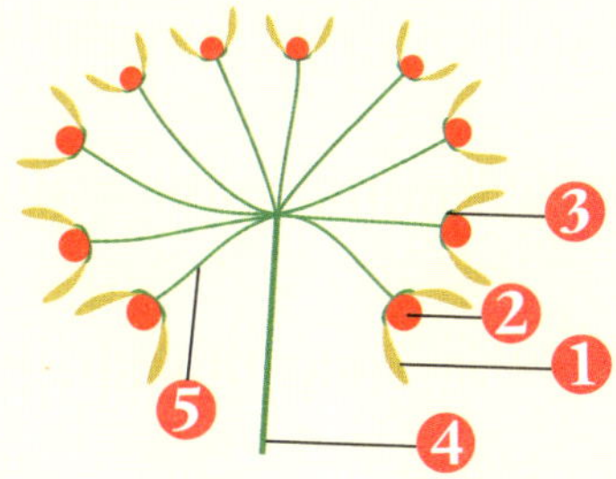

Bei einer Dolde entspringen die Blüten aus einem einzigen Punkt am Ende des Stängels.

ÄHRE

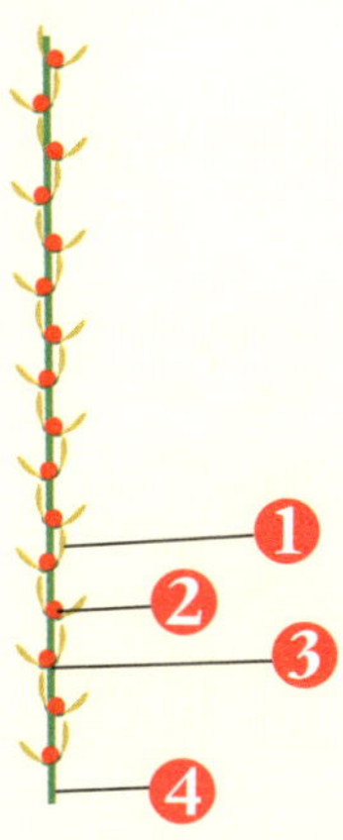

Ähren als Blütenstände findet man oft bei Gräsern, wozu auch das Getreide gehört.

1. Blütenblatt
2. Fruchtstand
3. Kelch und Kelchblatt
4. Stängel
5. Stiel

Blattstellung

„Muss man noch mehr wissen, um die Blumen unterscheiden zu können?“ fragt Leo den Gärtner. „Naja, es gibt schon noch eine ganze Menge zu lernen, aber das meiste kommt mit der Zeit. Fürs erste zeige ich euch noch zwei weitere Unterscheidungsmerkmale, die **Blattstellung** und die **Blattfläche**. Damit könnt ihr dann schon mal losforschen.“

BLATTROSETTE UND EINZELBLÄTTER

grundständig

Bei einer Blattrosette entspringen die Blätter in einem Punkt und wachsen rund um den Stängel. Sitzt die Rosette unten am Boden, nennt man das grundständig, sitzt sie weiter oben am Stängel, heißt sie quirlständig.

quirlständig

gegenständig

Wachsen die Blätter über den Stängel verteilt, heißt das gegenständig, wenn sich zwei Blätter genau gegenüberstehen oder wechselständig, wenn sie auf verschiedenen Höhen stehen.

wechselständig

Blattfläche

„Die Blattfläche ist entweder **ungeteilt** oder **geteilt**, der Blattrand zählt dabei nicht."

UNGETEILTE BLÄTTER

Die Blattfläche ist durchgängig. Der Rand muss nicht glatt sein, er kann auch gesägt oder gezähnt sein.

GETEILTE BLÄTTER

Eine Blattfläche kann durch tiefe Einkerbungen unterbrochen sein – das nennt man geteilt. Wenn alle Flächen von einem Stielchen abgehen, dann zählen sie als ein einziges Blatt.

Wissen anwenden

Jetzt seid ihr bestens gerüstet, um die häufigsten unserer heimischen Blumen bestimmen zu können. Das braucht aber Übung. Wenn ihr diese Blumen auch haltbar machen wollt, solltet ihr vielleicht ein Herbarium anlegen. Wie das geht und was ihr braucht, erfahrt ihr auf den nächsten Seiten.

Was ist ein Herbarium?

Im Namen kommt das lateinischen Wort *herba* vor und das bedeutet Kraut. Herbarium bedeutet also Kräutersammlung. Heute versteht man darunter die Sammlung getrockneter und gepresster Pflanzen. Das älteste erhaltene Herbarium wurde um 1545 vom italienischen Botaniker und Priester Michele Merini angelegt. Auch heute noch nutzen Wissenschaftler Herbarien zur Bestimmung und Unterscheidung von Pflanzenarten.

Ausrüstung

Folgendes solltest du dabei haben, wenn du Pflanzen sammelst:

- **Schere**, mit der du die Pflanzenteile möglichst schonend entfernen kannst
- **Lupe**, um die Merkmale besser erkennen und überprüfen zu können
- verschließbare **Gefrierbeutel** oder **Transportbox**, in denen du den Fund nach Hause bringen kannst
- **Haftnotizen** und **Stift**, damit du zu jedem Fund Notizen machen kannst

Suchen und sammeln

Es gibt zwei verschiedene Möglichkeiten Blumen zu suchen. Beachte aber unbedingt auch die Hinweise auf Seite 19.

Systematische Methode

Suche aus den vorbereiteten Seiten eine Blume aus und präge dir das Erscheinungsbild ein. Stimmt die Blütezeit, nimmst du deine Ausrüstung und gehst auf die Suche. Halte nach den typischen Merkmalen Ausschau. Hast du ein möglichst schönes Exemplar gefunden, schneidest du vorsichtig die Teile ab, die du brauchst. Vergiss nicht Datum und Fundort zu notieren.

Leo sammelt immer nach der Zufallsmethode

Zufallsmethode

Zu einem Spaziergang nimmst du einfach deine Ausrüstung mit und hoffst auf viele interessante Funde. Falls dir etwas Spannendes begegnet, schneidest du vorsichtig die Teile ab, die du brauchst und legst sie in die Transportbox. Bei dieser Methode ist es besonders wichtig, gleich Notizen zu machen, da man sich später oft nicht mehr erinnern kann.

Blumen sichern

Zu Hause angekommen, breitest du die Blumen aus, wählst die Schönsten aus und überprüfst noch einmal alle Merkmale. Nimm die schönsten Teile und lege sie so auf Zeitungspapier, wie sie nachher im Herbarium eingeklebt werden sollen. Achte darauf, dass sich die einzelnen Teile möglichst nicht überlappen. Wenn die Pflanze trocken ist, kannst du nichts mehr verschieben. Sie zerbricht, wenn du sie verändern möchtest. Jetzt sind deine Funde bereit, getrocknet und gepresst zu werden.

PFLANZENPRESSE SELBER BAUEN

Eine Pflanzenpresse kannst du mit etwas Hilfe eines Erwachsenen leicht selber bauen.

Das brauchst du:

- 2 Bretter 35 x 35 Zentimeter groß und 1 Zentimeter dick
- 4 Maschinenschrauben Größe M8
- 4 Flügelmuttern Größe M8
- Pappe, Zeitungspapier

So gehst du vor:

Bohre in die Bretter 8 Millimeter starke Löcher, die 15 Millimeter von der Ecke entfernt sind. Stecke dann die Schrauben von unten durch die Löcher beider Bretter und schraube die Flügelmuttern auf.

Trocknen und pressen

Gehe am besten folgendermaßen vor: Nimm ein Blatt Zeitungspapier und falte es so, dass ein Umschlag entsteht. In diesen legst du die Blumen. Wenn du viele Blumen gesammelt hast, brauchst du mehrere Umschläge. Jetzt kann es ans Schichten gehen. Nimm zuerst ein Stück Pappe, lege einen Umschlag mit Blumen darauf, dann wieder ein Stück Pappe, danach den nächsten Umschlag und so weiter. Ganz oben sollte wieder Pappe liegen. Jetzt kannst du den Stapel mit Büchern beschweren oder in eine Pflanzenpresse einspannen. Schau regelmäßig nach, ob das Papier zu nass ist und gewechselt werden muss. Nach einiger Zeit sind die Blumen trocken.

TIPP

Manche Blätter haben eine interessante Unterseite. Davon solltest du auch eines mit der Unterseite nach oben einkleben.

Einkleben

Lege die getrockneten Pflanzen in dein Herbarium. Mit schmalen Papierstreifen, die nur an den Enden Klebstoff bekommen, kannst du sie auf der Seite fixieren. Abschließend überträgst du deine Notizen auf die Seite.

Die Beginnerblumen

Sammeln, aber richtig!

Pflücke bitte nicht alles, was du findest. Manche Pflanzen solltest du nicht sammeln, weil sie giftig sind oder Allergien auslösen können. Du solltest auf gar keinen Fall Blüten oder Pflanzenteile in den Mund nehmen oder gar essen. Wasche nach jeder Blumenpirsch gründlich deine Hände.

Auch besonders seltene Pflanzen, die geschützt werden müssen, solltest du stehen lassen. Wenn du nicht sicher bist, besser nicht mitnehmen. Ganz wichtig ist, dass du immer darauf achtest, die Wurzeln nicht zu beschädigen. Wenn du in einem Naturschutzgebiet bist, darfst du natürlich überhaupt keine Pflanzen pflücken! Für alle anderen frei zugänglichen Orte gilt, gemäß Bundesnaturschutzgesetz, die Handstraußregel.

HANDSTRAUSS-REGEL

Um die Natur zu schonen, sollte man nicht zu viele Blumen pflücken. Als Faustregel gilt: Ein Wildblumenstrauß, den man mit Daumen und Zeigefinger umfassen kann, ist erlaubt.

Auf den folgenden Seiten beschreiben wir häufig vorkommende Blumen. Den Steckbrief haben wir bereits für dich ausgefüllt, aber auch Platz gelassen, damit du deinen Fund einkleben und eigene Notizen machen kannst.

Einige geschützte und giftige Pflanzen findest du auf Seite 78!

Buschwindröschen

Anemone nemorosa

Buschwindröschen wachsen solange die Bäume noch kein Laub haben, denn nur dann bekommen sie unter den Bäumen genügend Licht. Sie haben weiße Blüten und werden 10 bis 25 Zentimeter hoch. Da es so früh im Jahr nicht so viele Nektar- und Pollenpflanzen gibt, sind sie wichtig für die hungrigen Bienen.

WUSSTEST DU SCHON?

Jedes Buschwindröschen hat normalerweise nur eine Blüte – ganz selten mal zwei. Das wäre doch eine echte Sensation für dein Herbarium.

Steckbrief

Blütenfarbe	weiß
Anzahl der Blütenblätter	6
Blütenstand	endständige Einzelblüte
Blattstellung	Blattrosette, quirlständig
Blattfläche	geteilt
Blütezeit	März bis Mai

Klebe hier deinen Fund nach dem Trocknen und Pressen ein.

Hier habe ich die Pflanze gefunden:

____

Datum: ______________

Gänseblümchen

Bellis perennis

Gänseblümchen findet man das ganze Jahr auf fast jeder Wiese. Sie wachsen als kleine, weiße Blütenkörbchen mit gelber Mitte. Jede Blüte sitzt auf einem vier bis 15 Zentimeter hohen Stiel ohne Blätter. Die Blätter wachsen nahe am Boden als Rosette. Gänseblümchen drehen ihre Blüten immer zur Sonne und schließen sie bei Regen.

Das Gänseblümchen ist eine der bekanntesten Pflanzen in Europa

Steckbrief

Blütenfarbe	weiß
Anzahl der Blütenblätter	sehr viele
Blütenstand	Körbchen
Blattstellung	Blattrosette, grundständig
Blattfläche	ungeteilt
Blütezeit	März bis November

WUSSTEST DU SCHON?

Das Gänseblümchen wird auch Tausendschön genannt.

Hier habe ich
die Pflanze gefunden:

____

Datum: ____________

Klebe hier deinen Fund nach dem Trocknen und Pressen ein.

Gefleckte Taubnessel

Lamium maculatum

Die gefleckte Taubnessel sieht der Brennnessel sehr ähnlich, ist aber nicht mit ihr verwandt und hat keine Brennhaare. Sie wird 20 bis 80 Zentimeter hoch. Ihre Blüten haben eine besondere Form, sie bestehen aus einer Ober- und einer Unterlippe. Nur die Unterlippe hat weiße Flecken, die Oberlippe ist einfarbig rosa.

Steckbrief

Blütenfarbe	rot, rosa, purpur
Anzahl der Blütenblätter	1
Blütenstand	Ähre
Blattstellung	gegenständig
Blattfläche	ungeteilt
Blütezeit	April bis Oktober

SÜSSER NEKTAR

Der Nektar der Taubnesseln ist sehr süß. Zum Probieren einfach mal am hinteren Ende einer abgezupften Blüte saugen.

Auch Hummeln lieben den Nektar

Klebe hier deinen Fund nach dem Trocknen und Pressen ein.

Hier habe ich
die Pflanze gefunden:

____

Datum: ______________

Glockenblume

Campanula patula

Wiesenglockenblumen werden bis zu 60 Zentimeter hoch. Die blauvioletten Blütenblätter formen eine kleine Glocke mit zipfeligem Rand. Um den Blütenstaub vor Nässe zu schützen, stellen sich die Blüten nur bei Sonne aufrecht. Wenn es regnet und nachts hängen die Glöckchen nach unten.

Glocke heißt auf lateinisch Campana

Steckbrief

Blütenfarbe	blauviolett
Anzahl der Blütenblätter	5
Blütenstand	Traube
Blattstellung	wechselständig
Blattfläche	ungeteilt
Blütezeit	Mai bis August

EIN HUT FÜR ELFEN

Elfen und Feen werden gerne mit einem Hut aus Glockenblumen abgebildet.

Hier habe ich die Pflanze gefunden:

____

Datum: ____________________

Klebe hier deinen Fund nach dem Trocknen und Pressen ein.

Hahnenfuß

Ranunculus arvensis

Hahnenfuß wird 20 bis 80 Zentimeter hoch. Die Blüten sind leuchtend gelb und mit Öltröpfchen bedeckt, die sie besonders schön glänzen lassen. Ein anderer Name für Hahnenfuß ist Butterblume. Für Hasen und Meerschweinchen ist Hahnenfuß giftig. Auch Pferde, Kühe und Ziegen können ihn nur getrocknet im Heu vertragen.

DIE BLATTFORM

Da die Blätter des Hahnenfußes aussehen wie die Spur von Hühnern im Schnee, hat man die Pflanze Hahnenfuß genannt.

Spur eines Huhns

Steckbrief

Blütenfarbe	gelb
Anzahl der Blütenblätter	5
Blütenstand	Rispe
Blattstellung	wechselständig
Blattfläche	geteilt
Blütezeit	April bis Juli

Klebe hier deinen Fund nach dem Trocknen und Pressen ein.

Hier habe ich die Pflanze gefunden:

____

Datum: _______________

Heckenrose

Rosa corymbifera

Die wilde Heckenrose wächst als Strauch vorallem an Wegrändern. Sie hat nur wenig Stacheln und kann bis zu drei Meter hoch werden. Ihre Blüten sind zartrosa. Die orangerote Früchte heißen Hagebutten. Sie reifen erst spät im Herbst und bleiben bis ins nächste Frühjahr hängen. So dienen sie vielen Vögeln im Winter als Nahrung.

Steckbrief

Blütenfarbe	zartrosa
Anzahl der Blütenblätter	5
Blütenstand	endständige Einzelblüte
Blattstellung	wechselständig
Blattfläche	geteilt
Blütezeit	Mai bis Juni

JUCKPULVER

Die Kerne der Hagebutte haben kleine Härchen, die stark kitzeln, wenn sie mit der Haut in Berührung kommen.

Hier habe ich
die Pflanze gefunden:

____

Datum: __________

Klebe hier deinen Fund nach dem Trocknen und Pressen ein.

Hirtentäschel

Capsella bursa-pastoris

Das Hirtentäschel ist eine der wenigen Pflanzen, die das ganze Jahr über blühen können. Es wird bis zu 50 Zentimeter hoch, in Einzelfällen sogar bis zu 70 Zentimeter. Es ist eine alte Heilpflanze und wurde früher zur Behandlung von offenen Wunden und Nasenbluten eingesetzt.

WUSSTEST DU SCHON?

Den Namen hat das Hirtentäschel von der Form seiner Samenkapseln. Früher hatten die Taschen der Schafhirten eine ähnliche Form.

Steckbrief

Blütenfarbe	weiß
Anzahl der Blütenblätter	4
Blütenstand	Traube
Blattstellung	wechselständig
Blattfläche	geteilt
Blütezeit	Januar bis Dezember

Klebe hier deinen Fund nach dem Trocknen und Pressen ein.

Hier habe ich die Pflanze gefunden:

____

Datum: ______________

Huflattich

Tussilago farfara

Die gelben Blüten des Huflattichs sitzen auf einem geschuppten Stängel und sehen dem Löwenzahn ähnlich. Solange die Blumen blühen, wachsen keine Blätter. Tatsächlich erscheinen die an der Unterseite behaarten Blätter erst, wenn die Blütezeit vorbei ist. Sie erreichen dann einen Durchmesser von bis zu 30 Zentimetern.

Steckbrief

Blütenfarbe	gelb
Anzahl der Blütenblätter	sehr viele
Blütenstand	Körbchen
Blattstellung	wechselständig
Blattfläche	ungeteilt
Blütezeit	Februar bis April

WUSSTEST DU SCHON?

Der Huflattich wird auch Wanderers Klopapier genannt. Seine großen Blätter kann man für diesen Zweck gut gebrauchen.

Hier habe ich die Pflanze gefunden:

____

Datum: ______________

Klebe hier deinen Fund nach dem Trocknen und Pressen ein.

Klatschmohn

Papaver rhoeas

Der Klatschmohn hat schöne rote Blüten aus ganz dünnen, papierähnlichen Blättern. Er wird bis zu 90 Zentimeter hoch. Seine Stängel sind dicht behaart. Eine Mohnblume blüht nur zwei bis drei Tage. Wenn sie verblüht ist, bildet sie eine Kapsel, in der sich bis zu 4000 winzige, schwarze Samenkörner befinden.

Steckbrief

Blütenfarbe	rot
Anzahl der Blütenblätter	4
Blütenstand	endständige Einzelblüte
Blattstellung	wechselständig
Blattfläche	geteilt
Blütezeit	Mai bis Juli

MOHNKUCHEN

Mohnbrötchen und Mohnkuchen werden mit dem getrockneten Samen aus der Mohnkapsel gebacken.

Mohnkapsel

Klebe hier deinen Fund nach dem Trocknen und Pressen ein.

Hier habe ich die Pflanze gefunden:

____

Datum: ___________

Kornblume

Centaurea cyanus

Die azurblauen Blüten der Kornblumen sind gefiedert und sehen ein bißchen ausgefranst aus. Kornblumen werden 40 bis 80 Zentimeter hoch. Auf der Unterseite der Blätter wachsen kleine Härchen, die sich flaumig anfühlen.

Kornblumen sind oft in Getreidefeldern zu finden

Steckbrief

Blütenfarbe	blau
Anzahl der Blütenblätter	sehr viele
Blütenstand	Köpfchen
Blattstellung	wechselständig
Blattfläche	ungeteilt
Blütezeit	Juni bis September

BIENENFREUNDLICH

Kornblumen sind besonders bienenfreundlich, da ihr Nektar viel Zucker enthält.

Hier habe ich
die Pflanze gefunden:

____

Datum: __________

Klebe hier deinen Fund nach dem Trocknen und Pressen ein.

Löwenzahn

Taraxacum officinale

Der Löwenzahn hat gezähnte Blätter, die bis zu 30 Zentimeter lang werden. Der Stängel, auf dem die sonnengelbe Blüte sitzt, ist blätterlos und hohl. Er enthält einen weißlichen Saft, der auf Haut und Kleidung braune Flecken hinterlässt. Wenn der Löwenzahn verblüht ist, entstehen Pusteblumen, die wie flauschige Bälle aussehen.

PUSTEBLUME

Pusteblumen bestehen aus vielen kleinen Nüsschen. Jedes einzelne hat einen eigenen Fallschirm, mit dem es sich auf die Reise begibt.

Ein Stieglitz pickt die Samen

Steckbrief

Blütenfarbe	gelb
Anzahl der Blütenblätter	sehr viele
Blütenstand	Körbchen
Blattstellung	Blattrosette, grundständig
Blattfläche	geteilt
Blütezeit	April bis Juni

Klebe hier deinen Fund nach dem Trocknen und Pressen ein.

Hier habe ich
die Pflanze gefunden:

____

Datum: ______________

Veilchen

Viola odorata

Wenn die Veilchen blühen, ist der Frühling da. Sie wachsen oft an schattigen Wegrändern oder am Bachufer. Früher wurden sie gesammelt, weil sie sehr angenehm duften. Umhüllt von Papierbriefchen wurden sie in die Schränke zur Wäsche gelegt, damit diese den schönen Duft annimmt.

Die ersten Frühlingsboten

Steckbrief

Blütenfarbe	blau bis violett
Anzahl der Blütenblätter	sehr viele
Blütenstand	endständige Einzelblüte
Blattstellung	gegenständig
Blattfläche	ungeteilt
Blütezeit	März bis April

WUSSTEST DU SCHON?

Heute wird der Duft des Veilchens oft im Parfum verwendet. Man gibt es auch dem Waschmittel zu, um der Wäsche einen angenehmen Duft zu verleihen.

Hier habe ich
die Pflanze gefunden:

____

Datum: ____________________

Klebe hier deinen Fund nach dem Trocknen und Pressen ein.

Vergissmeinnicht

Myosotis arvensis

Das Vergissmeinnicht wird bis zu 20 Zentimeter hoch. Es hat ungefähr ein Zentimeter große himmelblaue Blüten, die wie kleine Sterne aussehen. Ihr Name deutet darauf hin, dass sie früher als Symbol des „Erinnere dich an mich", verschenkt wurde.

Steckbrief

Blütenfarbe	blau
Anzahl der Blütenblätter	5
Blütenstand	Traube
Blattstellung	wechselständig
Blattfläche	ungeteilt
Blütezeit	April bis September

WUSSTEST DU SCHON?

Der Name geht auf das 15. Jahrhundert zurück. In einer Legende bat die Pflanze, den lieben Gott sie nicht zu vergessen. Seitdem gilt sie als Blume der Treue.

Klebe hier deinen Fund nach dem Trocknen und Pressen ein.

Hier habe ich die Pflanze gefunden:

____

Datum: ______________

Wiesenschaumkraut

Cardamine pratensis

Das Wiesenschaumkraut blüht im Frühjahr und ist wichtig für Bienen und Schmetterlinge, die von seinem Nektar leben. Die zarten Blüten, die Farben von weiß über blassrosa bis zartviolett haben können, schließen sich bei Regen. Das Kraut wird 10 bis 50 Zentimeter hoch.

Steckbrief

Blütenfarbe	weiß, blassrosa, zartviolett
Anzahl der Blütenblätter	4
Blütenstand	Traube
Blattstellung	wechselständig
Blattfläche	geteilt
Blütezeit	April bis Juni

HEXENSPUCKE

Manchmal findet man am Wiesenschaumkraut sogenannte Hexenspucke. Dieser seltsame Schaum stammt von der Larve der Wiesenschaumzikade, die sich damit vor Fressfeinden schützt.

Hier habe ich die Pflanze gefunden: ______________________

Datum: ______________

Klebe hier deinen Fund nach dem Trocknen und Pressen ein.

Blumen-Detektiv-Spiel

Den Verdächtigen auf der Spur.
Blumen bestimmen in nur fünf Schritten!

Die Spielregeln

Unbekannte Blumen zu bestimmen ist reine Detektivarbeit! Wenn du dich an die Einführungsseiten erinnerst, weißt du, wie du vorgehen kannst. Mit diesem Spiel kannst du deine Technik auf die Probe stellen. Dafür brauchst du nur ein Blatt Papier, einen Stift und gute Augen (oder eine Lupe).
Viel Erfolg!

Indizien sammeln!

Hast du eine Blume in der Hand? Gut, dann kann es losgehen. Gehe so vor: Folge dem Pfad und ermittle bei jedem Schritt einen Teil des Lösungscodes.

BLATTFLÄCHE
BLATTSTELLUNG
fünfter Schritt
BLÜTENSTAND
vierter Schritt
dritter Schritt

Was brauchst du?

Papier und Stift … und natürlich eine Blume. Bevor du eine Blume pflückst, sieh nach, ob sie geschützt oder giftig ist.

Eine Liste findest du auf Seite 78.

Die fünf Schritte

Untersuche deine Blume und beantworte diese Fragen:

- Welche Farbe hat die Blüte?
- Wie viele Blütenblätter hat sie?
- Welchen Blütenstand hat die Blume?
- Wo und wie wachsen die Blätter?
- Wie sehen die Blätter aus?

Auf den nächsten Seiten findest du die wichtigsten Merkmale einer Blume. Neben jedem befindet sich ein Buchstabe oder eine Ziffer. Das sind die Indizien, die du sammeln musst, um den Lösungscode zu ermitteln. Schreibe sie in der richtigen Reihenfolge auf.

Ermittlungsakte

		Code
Blütenfarbe	gelbliche Blüte	G
Anzahl der Blütenblätter	viele Blütenblätter	g
Blütenstand	Körbchen	K
Blattstellung	grundständige Blattrosette	1
Blattfläche	ungeteilte Blätter	U

Überführter Verdächtiger:

Löwenzahn

Fall ☒ **gelöst** ☐ **ungelöst**

Ort Wiese *Datum* Sonntag

Unterschrift Der Blumendetektiv

So könnte deine Ermittlungsakte aussehen

erster Schritt

Blütenfarbe

Blüten kommen in vielen verschiedenen Farben vor. Wir haben sie in Farbgruppen zusammengefasst. Der Buchstabe im roten Feld ist der Code für deine Akte …

Anzahl der Blütenblätter

zweiter Schritt

Wie viele Blätter hat die Blüte deiner Blume? Die Ziffer im grünen Feld ist der Code für das nächste Indiz …

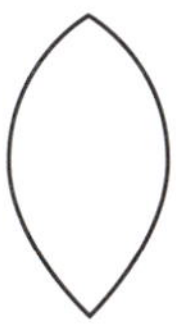

EINS

1

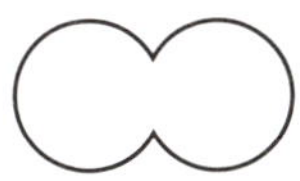

ZWEI

2

DREI

3

VIER

4

FÜNF

5

SECHS

6

SEHR VIELE

9

Blütenstand

dritter Schritt

Wie sieht deine Blüte genau aus?
Hast du eine einzelne oder viele kleine Blüten?
In welchem dieser Muster sind deine Blüten angeordnet? Der Buchstabe im roten Feld gehört an die dritte Stelle in deinem Code …

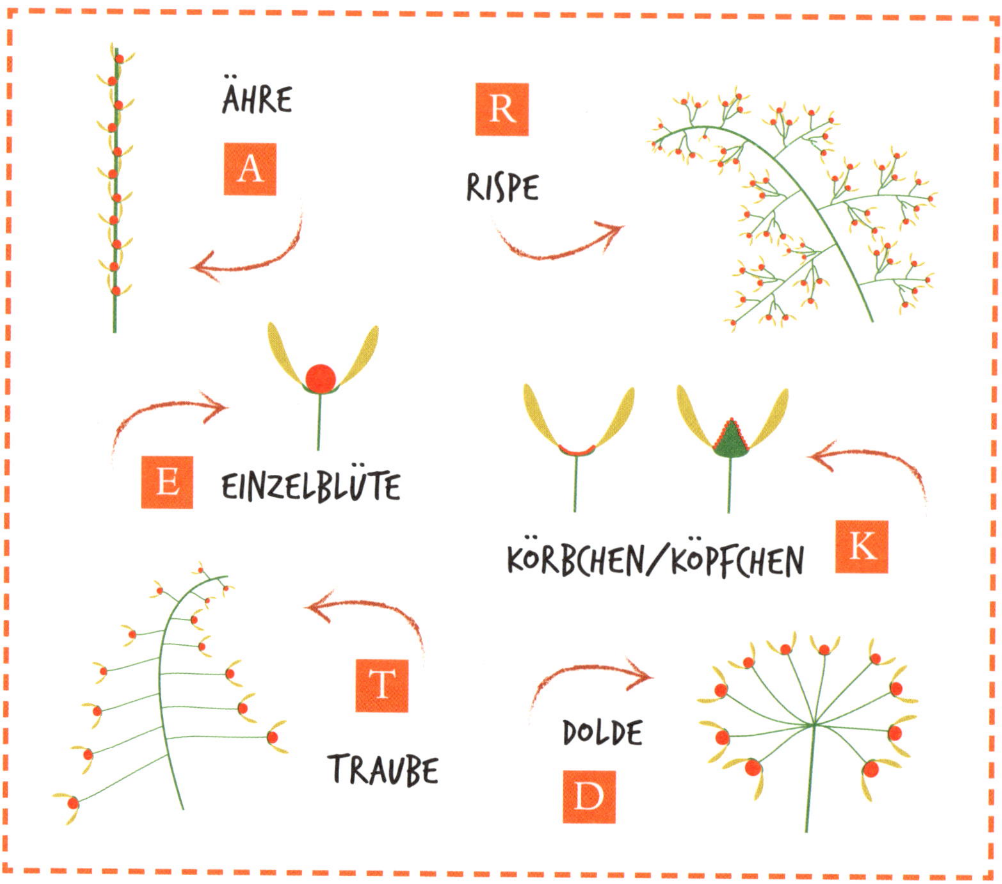

Blattstellung

vierter Schritt

Wie sitzen die Blätter am Stängel?
Stehen sie sich gegenüber oder sind sie versetzt?
Wachsen sie als Rosette rund um den Stängel?
Die Ziffer im grünen Feld ist der nächste Hinweis im Code …

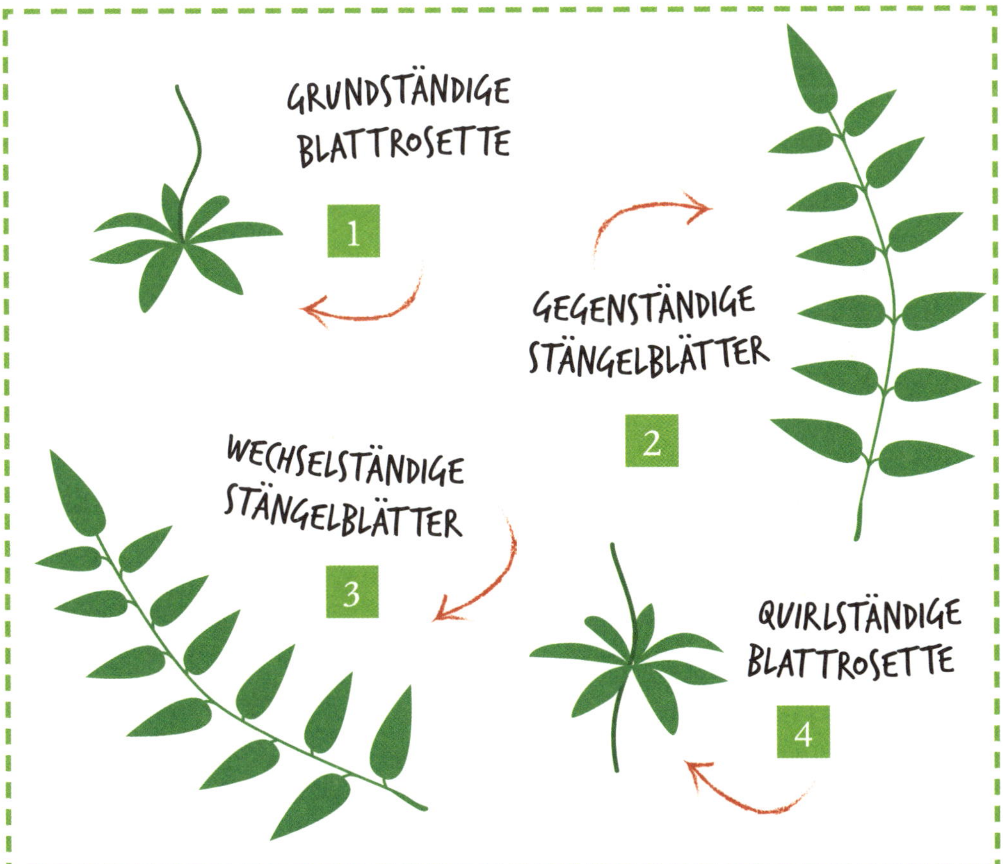

Blattfläche

fünfter Schritt

Besteht das Blatt aus einer einzigen Fläche, ist es ungeteilt. Besteht es aus mehreren einzelnen Blättchen, die aus einem Stängel wachsen, dann wäre es geteilt. Der Buchstabe im gelben Feld macht deinen Code komplett …

Den Verdächtigen ermitteln ...

Wenn du alle Indizien gesammelt hast, erhälst du einen Code, der zum Beispiel für den Löwenzahn so aussieht:

gelbliche Blüte (G), viele Blütenblätter (9), Körbchen (K), grundständige Blattrosette (1), ungeteilte Blätter (U)

G 9 K 1 U

Jetzt fehlt nur noch der Name deiner Blume. Auf den nächsten vier Seiten findest du eine Galerie der „Meistverdächtigen". Es handelt sich dabei um häufig vorkommende Blumen. Sehr wahrscheinlich hast du eine davon gefunden.

Vergleiche das Ergebnis mit den Lösungen auf Seite 80. Stimmen Name und Code überein? Dann bist du ein schlauer Blumen-Detektiv, der erfolgreich ermittelt und die Blume richtig bestimmt hat.

Jetzt kannst du deine Blume pressen und trocknen, um sie in deinem Herbarium zu sammeln. Du kannst dein Wissen und deine Frage auch mit anderen Kindern teilen. Wie das genau geht, erklären wir dir auf Seite 79.

Denk immer daran, Blumen mit Respekt zu behandeln. Sie haben eine wichtige Funktion in der Natur. Sie sind nicht nur schön. Sie dienen vielen Insekten und Schmetterlingen als Nahrung. Und die Bienen machen dann aus dem gesammelten Blumennektar Honig für dein Brot.

Die Verdächtigen

Buschwindröschen

Gänseblümchen

Hirtentäschel

Kamille

Margerite

Schafgarbe

Waldsauerklee

Wiesenschaumkraut

Hier und auf den nächsten Seiten findest du Abbildungen häufiger Blumen, die du ermitteln kannst. Sieht eine davon aus wie die, die du in deiner Hand hälst? Notiere den Namen in deine Akte.

Ehrenpreis

Glockenblume

Kornblume

Veilchen

Vergissmeinnicht

Wegwarte

Brennnessel

Spitzwegerich

WEITERE VERDÄCHTIGE

Gefleckte Taubnessel

Heckenrose

Klatschmohn

Kuckucks-Lichtnelke

Mehlprimel

Vogelwicke

Wiesenklee

Hahnenfuß

Huflattich

Löwenzahn

Schlüsselblume

Keine Lösung gefunden?

Du hast keine passende Abbildung gefunden, bist aber sicher, dass du alles genau angeschaut und verglichen hast? Das kann vorkommen – in der Natur gibt es unglaublich viele Blumen! Diese vier Seiten zeigen nur eine kleine Auswahl. Wir haben aber eine Lösung für dich:

So kannst du den Verdächtigen doch noch stellen. Schau auf Seite 79 nach.

Eigene Blumensammlung

Weiter sammeln!

Bestimmt findest du Pflanzen und Blumen, die wir auf den Seiten 20–47 nicht vorgestellt haben. Für solche Fälle sind die nächsten Seiten gedacht. Sie sind so vorbereitet, dass du alles eintragen kannst, was dir wichtig erscheint oder du dir merken möchtest. Es gibt Platz für Fotos oder Zeichnungen. Du kannst aber auch ein Gedicht über die Blume dazuschreiben. Notiere wer beim Finden dabei war oder mit wem du die Blume bestimmt hast. Und natürlich kannst du hier deine getrocknete Pflanze einkleben.

Vielleicht machst du ja eine besonders schöne Seite mit deiner Lieblingsblume.

Trage den Namen deiner Blume ein.

Male hier ein Bild deiner Blume oder klebe ein Foto ein.

Steckbrief

Blütenfarbe	
Anzahl der Blütenblätter	
Blütenstand	
Blattstellung	
Blattfläche	
Blütezeit	

Fülle die Tabelle aus.

Hier habe ich
die Pflanze gefunden:

Datum:

Was weißt du sonst noch über die Pflanze?

Klebe hier deinen Fund nach dem Trocknen und Pressen ein.

....

Trage den Namen deiner Blume ein.

Male hier ein Bild deiner Blume oder klebe ein Foto ein.

Steckbrief

Blütenfarbe	
Anzahl der Blütenblätter	
Blütenstand	
Blattstellung	
Blattfläche	
Blütezeit	

Fülle die Tabelle aus.

Klebe hier deinen Fund nach dem Trocknen und Pressen ein.

Was weißt du sonst noch über die Pflanze?

....

....

....

....

....

Hier habe ich die Pflanze gefunden:

____

Datum: _______________

Trage den Namen deiner Blume ein.

Steckbrief

Blütenfarbe	
Anzahl der Blütenblätter	
Blütenstand	
Blattstellung	
Blattfläche	
Blütezeit	

Male hier ein Bild deiner Blume oder klebe ein Foto ein.

Fülle die Tabelle aus.

Hier habe ich
die Pflanze gefunden:

Datum:

Was weißt du sonst noch über die Pflanze?

Klebe hier deinen Fund nach dem Trocknen und Pressen ein.

....

Trage den Namen deiner Blume ein.

Male hier ein Bild deiner Blume oder klebe ein Foto ein.

Steckbrief

Blütenfarbe	
Anzahl der Blütenblätter	
Blütenstand	
Blattstellung	
Blattfläche	
Blütezeit	

Fülle die Tabelle aus.

Klebe hier deinen Fund nach dem Trocknen und Pressen ein.

Was weißt du sonst noch über die Pflanze?

....

....

....

....

....

Hier habe ich die Pflanze gefunden:

____

Datum: _______________

....

Trage den Namen deiner Blume ein.

Steckbrief

Blütenfarbe	
Anzahl der Blütenblätter	
Blütenstand	
Blattstellung	
Blattfläche	
Blütezeit	

Male hier ein Bild deiner Blume oder klebe ein Foto ein.

Fülle die Tabelle aus.

Hier habe ich die Pflanze gefunden:

____

Datum: ____________

Was weißt du sonst noch über die Pflanze?

....

....

....

....

....

Klebe hier deinen Fund nach dem Trocknen und Pressen ein.

....

Trage den Namen deiner Blume ein.

Male hier ein Bild deiner Blume oder klebe ein Foto ein.

Steckbrief

Blütenfarbe	
Anzahl der Blütenblätter	
Blütenstand	
Blattstellung	
Blattfläche	
Blütezeit	

Fülle die Tabelle aus.

Klebe hier deinen Fund nach dem Trocknen und Pressen ein.

Was weißt du sonst noch über die Pflanze?

....

....

....

....

....

Hier habe ich die Pflanze gefunden:

____

Datum: ______________

Geschützte und giftige Blumen

Häufige geschützte Blumen in Deutschland:

Narzisse

Enzian

Arnika

Krokus

Küchenschelle

Großes Katzenpfötchen

Schwertlilie

Fieberklee

Besonders geschützt sind vom Aussterben bedrohte Arten. Diese werden in der Roten Liste der Pflanzen *des Bundesamtes für Naturschutz aufgeführt.*

Häufige giftige Blumen in Deutschland:

Maiglöckchen

Fingerhut

Herbstzeitlose

Tollkirsche

Jakobs-Kreuzkraut

Bittersüßer Nachtschatten

Blauer Eisenhut

Community

Wenn du das Buch bis hierher gelesen hast, hast du sehr viele neue Sachen gelernt. Du hast erfahren, wie Blumen beschaffen sind, wie sie sich voneinander unterscheiden, wie wir sie bestimmen können, wie du ein Herbarium anlegen kannst, und ... insbesondere, dass wir die Natur immer mit Respekt behandeln müssen.

Vielleicht hast du Fragen, oder willst mehr über Blumen und Gärtnern erfahren. Oder du hast eine Blume bestimmt, sie aber nicht in der Galerie gefunden. Oder du möchtest deine Erlebnisse und Erfahrungen mit anderen Kindern teilen und ihnen deine Funde zeigen. Dann haben wir einen Vorschlag für dich: Schicke uns deine Fragen oder Fotos. Dein Fund könnte auch für andere Kinder interessant sein.

Wir werden deine Funde und deine Fragen, mit deiner Erlaubnis (* für Eltern: und ohne Privatinformationen) auf unseren Instagram- und Facebook-Seiten teilen.

Wenn dort niemand eine Antwort auf deine Frage weiß, werden wir einen Blumenexperten zu Rate ziehen. So können wir alle etwas Neues lernen.

Sophie Verlag GmbH
Versailler Straße 10
81677 München
digital-community@sophie-verlag.net

Fall gelöst!

Vergleiche deine Ermittlungsergebnisse mit den Lösungen. Hier findest du den Namen deines Verdächtigen. Wenn alles stimmt, kannst du den Fall als gelöst zu den Akten legen.

LÖSUNGEN

W 6 E 4 G *Buschwindröschen*	B 5 T 3 U *Glockenblume*	R 4 E 3 G *Klatschmohn*
W 9 K 1 U *Gänseblümchen*	B 9 K 3 U *Kornblume*	R 5 R 2 U *Kuckucks-Lichtnelke*
W 4 T 3 G *Hirtentäschel*	B 9 E 2 U *Veilchen*	R 5 D 5 1 *Mehlprimel*
W 9 K 3 G *Kamille*	B 5 T 3 U *Vergissmeinnicht*	R 5 T 3 G *Vogelwicke*
W 9 K 3 U *Margerite*	B 9 K 3 G *Wegwarte*	R 9 K 3 G *Wiesenklee*
W 5 K 3 G *Schafgarbe*	U 9 R 3 U *Brennnessel*	G 5 R 3 G *Hahnenfuß*
W 5 K 1 G *Waldsauerklee*	U A 5 1 U *Spitzwegerich*	G 9 K 3 U *Huflattich*
W 4 T 3 G *Wiesenschaumkraut*	R 1 A 2 U *Gefleckte Taubnessel*	G 9 K 3 G *Löwenzahn*
B 4 T 2 U *Ehrenpreis*	R 5 E 3 G *Heckenrose*	G 5 D 1 U *Schlüsselblume*